PRZYGODY FENKA
• Ziemia •
ŻYWIOŁY

Był słoneczny sierpniowy dzień. Fenek razem ze swoją siostrą Fenią bawią się w ogrodowej piaskownicy. Chłopiec uwielbia bycie starszym bratem. Codziennie uczy siostrzyczkę nowych rzeczy i opowiada jej ciekawe historie.

– Czy wiesz, że nasza mama jest dentystką? – pyta.

Fenia nie potrafi jeszcze mówić, ale spogląda na niego zaciekawiona.

– A tata jest fotografem – mówi dalej Fenek. – Robi zdjęcia groźnym lwom, a nawet kangurom!

Czym zajmują się Twoi rodzice?

– Witajcie, kochani! – nagle rozlegają się głosy
babci i dziadka, którzy właśnie przyjechali
do swoich wnuków w odwiedziny. Fenek
od razu rzuca się biegiem w ich kierunku,
a Fenia, która nie potrafi jeszcze chodzić,
z radością macha rączkami.

– Co budujecie? – pyta dziadek i zagląda
do piaskownicy.

– Tak tylko grzebaliśmy w piasku –
odpowiada Fenek. – I opowiadałem Feni
o tym, czym zajmują się nasi rodzice… –
chłopiec przerywa i zastanawia się nad
czymś. – Dziadku, a ty gdzie pracowałeś,
zanim poszedłeś na emeryturę? – pyta
zaciekawiony.

– Rzeczywiście, nigdy wcześniej ci o tym nie
opowiadałem… – mówi dziadek. – Przez wiele,
wiele lat byłem górnikiem i pracowałem
w kopalni – wyjaśnia.

– W kopalni? – dopytuje Fenek. – To znaczy,
że coś kopałeś? – nasz bohater nie ma pojęcia,
czym zajmuje się górnik.

– Górnik to osoba, która za pomocą
specjalnych narzędzi i maszyn kopie w ziemi
i wydobywa z niej przeróżne skarby, na przykład
węgiel, sól, a nawet złoto – tłumaczy dziadek.

– Ojej! – woła zachwycony Fenek. – Nie
wiedziałem, że w ziemi można znaleźć tyle
ciekawych rzeczy!

– Dziadku, a w jakiej kopalni pracowałeś? – dopytuje chłopiec.

– Razem z braćmi przez wiele lat pracowaliśmy w kopalni węgla. Pewnego dnia doszło do tąpnięcia i zatrzęsła się ziemia, z tego powodu kilku naszych kolegów zostało rannych. Wiedzieliśmy, że nasza praca jest ryzykowna, ale dzięki niej ludzie mieli ciepło w swoich domach.

Dziadek na chwilę milknie i wygląda na to, że wspomina dawne czasy.

W jakiej kopalni pracował dziadek Fenka: kopalni węgla czy złota?

Nagle na twarzy dziadka pojawia się szeroki uśmiech.

– Mam świetny pomysł! – obwieszcza. – Nie mogę zabrać cię do kopalni, w której pracowałem, ale niedaleko nas jest kopalnia soli, którą można zwiedzać. Czy chciałbyś się tam ze mną wybrać? – pyta.

Fenka nie trzeba namawiać: jest zachwycony tym pomysłem. Pędzi do domu, gdzie mama pomaga mu się przebrać i chwilę później razem z dziadkiem jadą już w stronę kopalni soli.

Kopalnia soli

Wysiadają na parkingu i od razu kierują się w stronę wejścia do kopalni. Pan przewodnik – ubrany w specjalny czarny strój górniczy – podaje im kaski i prosi o ich założenie. Chociaż w kopalni jest bezpiecznie, pod ziemią lepiej zachować ostrożność.

– Jak tutaj zimno! – dziwi się Fenek, kiedy razem z dziadkiem i panem przewodnikiem schodzą w dół.

– To prawda – mówi dziadek. – Teraz jest chłodniej, a w zimie cieplej niż na powierzchni.

Dookoła panuje półmrok.

Do czego Fenek i jego dziadek będą potrzebowali kasków?

Nasi bohaterowie przemieszczają się długimi korytarzami. To naprawdę tajemnicze i ciekawe miejsce. Po drodze spotykają innych zwiedzających. – Dotknij palcem ściany i poliż go – szepcze dziadek.

Fenek z zaciekawieniem wykonuje polecenie dziadka i ostrożnie wkłada palec do buzi.

– Eeee! Jakie słone! – wykrzykuje.

Dziadek i pan przewodnik śmieją się wesoło.

– Widzisz, Fenku, ściany dookoła nas zrobione są z soli. To właśnie tutaj, pod ziemią, górnicy wydobywali ją przez wiele, wiele lat – tłumaczy dziadek.

– Jejku! – chłopiec woła ze zdziwieniem. – Jakie to wszystko niesamowite!

Nie ma jednak czasu powiedzieć niczego więcej, bo w tym momencie wchodzą do kolejnej jaskini, w której znajdują się tory oraz metalowe wagoniki.

– Właśnie taką kolejką przewożono bryłki soli wykopane przez górników – tłumaczy pan przewodnik.

Ile wagoników widzisz na ilustracji?

Kopalnia soli

Fenek i dziadek jeszcze długo zwiedzają
kopalnię. Nasz bohater nie miał pojęcia,
że pod ziemią kryje się tyle skarbów.

– To najlepsza wycieczka, na jakiej byłem! –
ogłasza, kiedy zmęczeni wsiadają
do samochodu.

Fenek trzyma w rączce niewielki biały
woreczek przewiązany sznurkiem. W środku
znajdują się maleńkie kryształki soli, które
można było kupić w sklepiku działającym
w kopalni.

„To będzie wspaniała pamiątka!" – myśli
zadowolony.

Idealnie byłoby, gdyby udało Wam się wybrać na wspólną wycieczkę do kopalni, na przykład w Wieliczce lub Bochni. Jeśli jednak nie jest to możliwe, pooglądajcie zdjęcia tych obiektów w internecie lub w albumach. Dobrym pomysłem jest również zaproponowanie dziecku wspólnego rysowania węglem. Kupicie go w każdym dobrym sklepie papierniczym.

– dowie się, co to jest kopalnia;

– pozna pracę górnika;

– dowie się, jakie skarby wydobywane są w kopalniach;

– odkryje, że pod ziemią panuje inna temperatura niż na powierzchni.

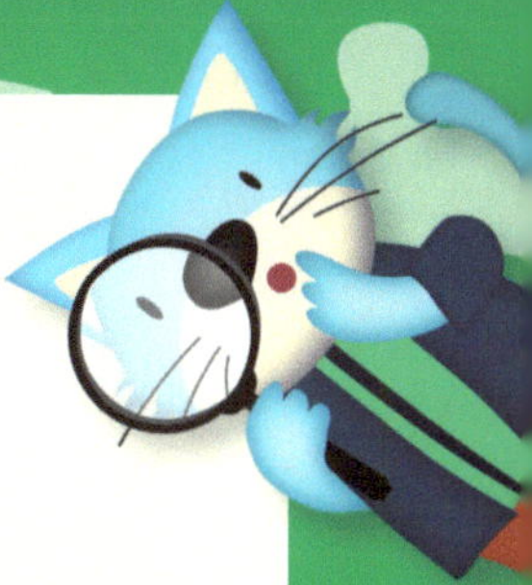

Znajdź wycięty fragment na ilustacji?

1

2

3

4

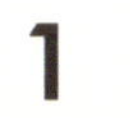

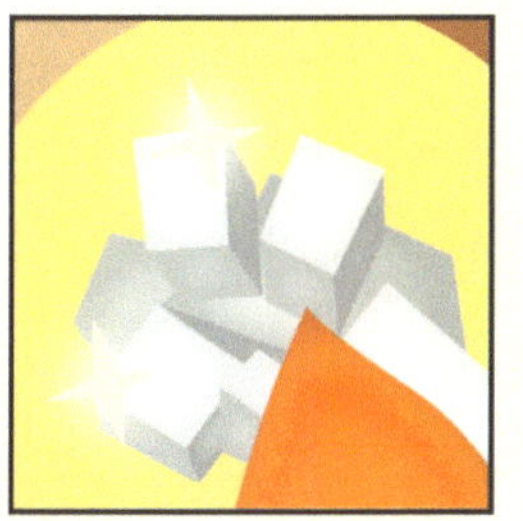

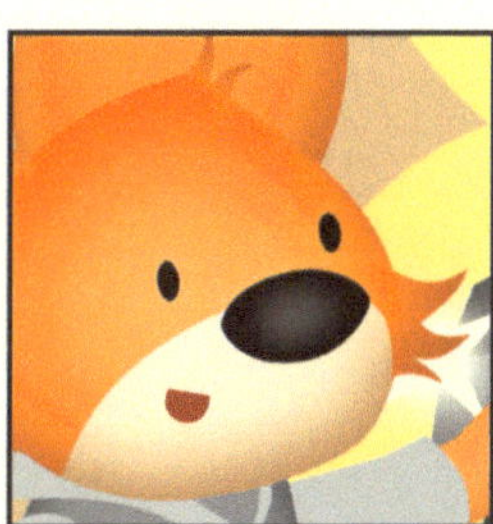

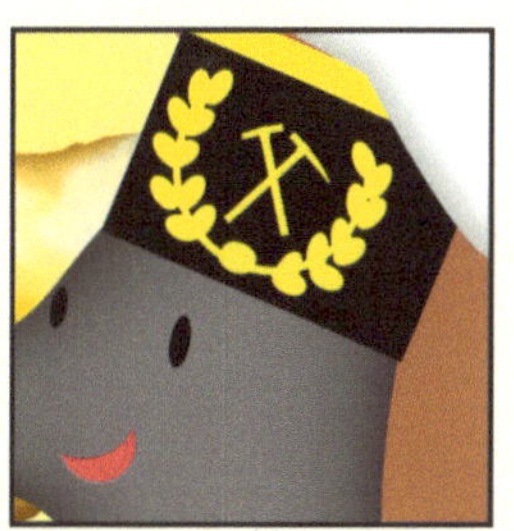

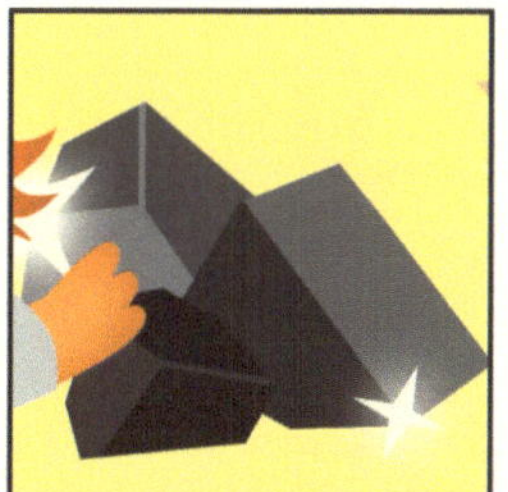

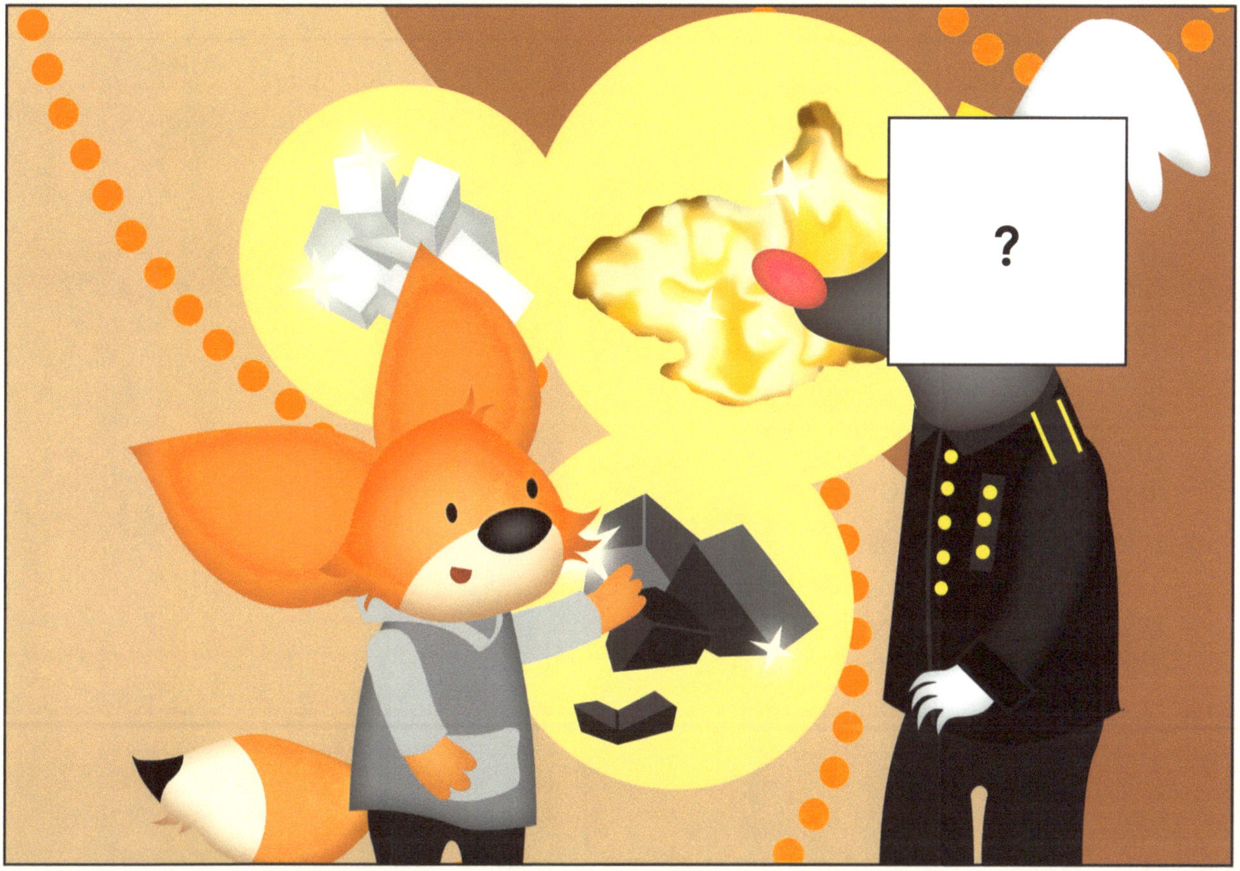

Poznawaj rosnący świat książek
serii "Przygody Fenka"

Ciesz się najnowszymi i nadchodzącym
przygodami i mnóstwem bezpłatnych zasobów

Czy masz którąś z tych niesamowitych przygód? ✓

POLECANE PRZEZ PEDAGOGÓW I PSYCHOLOGÓW

EMOCJE

Złość
Strach
Zazdrość
Wdzięczność
Wzruszenie
Ufność
Wyrzuty sumienia
Tęsknota
Duma
Nieśmiałość
Przyjaźń
Miłość
Samotność
Szczypanie
Skarżenie
Samoocena
Śmierć w rodzinie
Adopcja
To moje ciało
Rozstanie rodziców

OSOBOWOŚĆ

Proszę
Przepraszam
Dziękuję
Pozdrowienia
Cierpliwość
Odpowiedzialność
Odwaga
Szacunek
Prawdomówność
Asertywność
Bezinteresowność
Kreatywność
Uczciwość
Planowanie
Punktualność
Spostrzegawczość
Wytrwałość
Samodzielność
Empatia
Lenistwo
Jesteśmy sobie potrzebni
Kłopoty ze słowami
Moje okulary
Nowy kolega

BEZPIECZEŃSTWO I ŚRODOWISKO

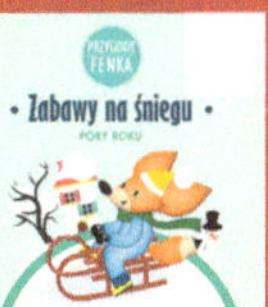

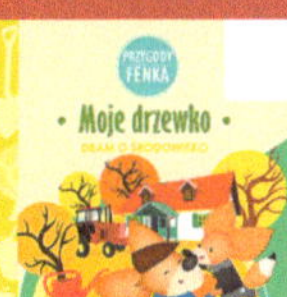

CIAŁO I ZDROWIE

Co nowego?
sprawdź na www.fenek.com

DOBRE ZACHOWANIE

MIEJSCA I WYDARZENIA

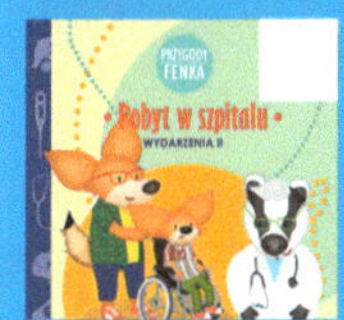